Dagen Malepenselen Kom til Byen: Tospråklige Engelske Norske Fortellinger

My Pommeline

Published by My Pommeline, 2024.

While every precaution has been taken in the preparation of this book, the publisher assumes no responsibility for errors or omissions, or for damages resulting from the use of the information contained herein.

DAGEN MALEPENSELEN KOM TIL BYEN: TOSPRÅKLIGE ENGELSKE NORSKE FORTELLINGER

First edition. October 13, 2024.

ISBN: 979-8227274076

Written by My Pommeline.

Table of Contents

The Magical Sock Factory

Max was having the worst day. His favorite pair of socks had disappeared, and now his feet felt cold and uncomfortable in the plain white ones his mom gave him. Max loved his colorful, wacky socks. They had little dinosaurs on them and made him feel invincible. But now, they were gone.

"Where could they be?" he wondered as he tore apart his room for the fifth time that day.

As Max rummaged through his sock drawer one last time, he felt something odd. A cold draft of air coming from the back of the drawer. He pushed his hand deeper and felt a tiny door he'd never noticed before.

"What is this?" he whispered to himself.

Max carefully opened the door, and to his astonishment, it led to a long, winding tunnel. Without a second thought, he crawled inside.

The tunnel seemed to go on forever. Just as Max started to think he was lost, he tumbled out into a bright, bustling room. All around him were colorful socks — socks of every pattern and size imaginable! There were socks with stripes, polka dots, and even some shaped like animals. And the most unbelievable part? They were moving!

Max watched as a pair of green-and-yellow socks danced across the floor, and a pair of red-and-blue ones bounced up and down as if they were practicing gymnastics.

"Welcome to the Magical Sock Factory!" a squeaky voice said.

Max spun around to see a tiny creature with large ears and an even larger smile. "I'm Stitches, the sock maker. You've found your way to our factory where all socks are made."

"Is this where my dinosaur socks went?" Max asked, amazed.

"Oh yes, they're here somewhere. Socks sometimes escape to have a bit of fun before they return to their owners."

"But I need them back! They're my favorite!" Max pleaded.

"Well," Stitches said, "you'll have to catch them first. They've been enjoying their time here, but I'm sure they'll come back if you can convince them."

Max looked around. How was he supposed to find his socks in a factory full of living socks?

"Follow me," Stitches said, leading Max deeper into the factory. They passed rows of machines stitching and sewing, piles of fuzzy socks waiting to be paired, and even a sock playground where the most energetic socks were bouncing around.

"There they are!" Max shouted, spotting his dinosaur socks sliding down a colorful sock slide.

He chased after them, but they were fast. The socks zoomed around the factory, ducking under tables and leaping over piles of yarn. Max was getting tired, but he couldn't give up.

Finally, he cornered the socks near a basket of buttons.

"Please come back with me," Max said, out of breath. "I can't feel invincible without you."

The socks seemed to understand. They wiggled and hopped into Max's hands. With a sigh of relief, he thanked Stitches and made his way back through the tunnel.

When he returned to his room, he found himself holding his favorite dinosaur socks. He smiled, slipped them on, and felt that familiar invincible feeling return.

From that day on, Max always checked his sock drawer carefully. After all, you never know when your socks might be off on a magical adventure of their own!

Den Magiske Sokkerfabrikken

Max hadde en fryktelig dag. Favorittsokkene hans var borte, og nå føltes føttene kalde og ukomfortable i de kjedelige hvite sokkene mamma hadde gitt ham. Max elsket sine fargerike, sprø sokker. De hadde små dinosaurer på seg og fikk ham til å føle seg uovervinnelig. Men nå var de borte.

"Hvor kan de være?" undret han seg mens han rotet gjennom rommet sitt for femte gang den dagen.

Da Max rotet gjennom sokkeskuffen en siste gang, kjente han noe rart. En kald trekk kom fra baksiden av skuffen. Han dyttet hånden dypere og kjente en liten dør han aldri hadde lagt merke til før.

"Hva er dette?" hvisket han for seg selv.

Max åpnet forsiktig døren, og til sin forbløffelse ledet den til en lang, svingete tunnel. Uten å nøle krøp han inn.

Tunnelen virket uendelig. Akkurat da Max begynte å tro at han hadde gått seg vill, tumlet han ut i et lyst, travelt rom. Rundt ham var det fargerike sokker – sokker med alle slags mønstre og størrelser man kunne tenke seg! Det var sokker med striper, prikker, og noen som til og med var formet som dyr. Og det mest utrolige? De beveget seg!

Max så på mens et par grønne og gule sokker danset over gulvet, og et par røde og blå hoppet opp og ned som om de øvde på gymnastikk.

"Velkommen til den Magiske Sokkerfabrikken!" sa en pipende stemme.

Max snudde seg og så en liten skapning med store ører og et enda større smil. "Jeg er Stitches, sokkemakeren. Du har funnet veien til fabrikken vår, der alle sokker blir laget."

"Er det her dinosaur-sokkene mine har blitt av?" spurte Max, forbløffet.

"Å ja, de er her et sted. Sokkene rømmer av og til for å ha det litt gøy før de vender tilbake til eierne sine."

"Men jeg må få dem tilbake! De er mine favoritter!" ba Max.

"Vel," sa Stitches, "du må fange dem først. De har hatt det morsomt her, men jeg er sikker på at de kommer tilbake hvis du kan overtale dem."

Max så seg rundt. Hvordan skulle han finne sokkene sine i en fabrikk full av levende sokker?

"Følg meg," sa Stitches og ledet Max dypere inn i fabrikken. De passerte rader med maskiner som sydde og stappet, hauger med myke sokker som ventet på å bli parret, og til og med en sokkelekeplass hvor de mest energiske sokkene hoppet rundt.

"Der er de!" ropte Max, og fikk øye på dinosaur-sokkene sine som skled ned en fargerik sokkeskli.

Han løp etter dem, men de var raske. Sokkene suste rundt i fabrikken, dukket under bord og hoppet over garnhauger. Max begynte å bli sliten, men han kunne ikke gi opp.

Til slutt fikk han fanget sokkene ved siden av en kurv med knapper.

"Vær så snill, kom tilbake med meg," sa Max, andpusten. "Jeg kan ikke føle meg uovervinnelig uten dere."

Sokkene så ut til å forstå. De vrikket og hoppet opp i Max' hender. Med et lettelsens sukk takket han Stitches og krøp tilbake gjennom tunnelen.

Da han kom tilbake til rommet sitt, fant han dinosaur-sokkene sine i hendene. Han smilte, tok dem på seg og følte den velkjente uovervinnelige følelsen komme tilbake.

Fra den dagen sjekket Max alltid sokkeskuffen sin nøye. Man vet jo aldri når sokkene dine kan være ute på et magisk eventyr!

Lola and the Talking Cake

It was Lola's birthday, and she was excited. Not because of the presents or the party, but because she was going to bake her own cake for the first time! Lola loved baking. She had been helping her mom in the kitchen for years, and now she was finally ready to make something all by herself.

She put on her favorite apron, gathered all the ingredients, and began mixing. Flour, sugar, eggs, and butter—it all went into the big bowl. Lola stirred and stirred until the batter was smooth and creamy. She carefully poured it into a round cake tin and slid it into the oven.

As the cake baked, the whole house filled with the sweet smell of vanilla. Lola could hardly wait. She imagined the cake decorated with colorful frosting and sprinkles, and it would taste just as sweet as it smelled.

Finally, the timer dinged. The cake was ready! Lola put on her oven mitts and pulled the cake out. It was perfect. Golden brown on the outside, soft and fluffy on the inside.

But as she set the cake on the counter to cool, something strange happened.

"Ow!" a voice squeaked.

Lola jumped. She looked around the kitchen. "Who said that?"

"It's me!" the voice replied.

"Who's 'me'?" Lola asked, confused.

"The cake, of course!" said the voice.

Lola's eyes widened. "Did you just talk?" she asked the cake.

"Of course, I talked. You baked me, so I'm alive now!" the cake said cheerfully.

Lola couldn't believe it. A talking cake! She sat down, staring at it in amazement. "I've baked cakes before, and none of them have ever talked!"

"Well, maybe you've never baked one as special as me," the cake said, puffing itself up a little.

Lola laughed. "You're right. I've never made a cake like you. What's your name?"

The cake thought for a moment. "Call me... Sprinkle!"

"Nice to meet you, Sprinkle. Do you like how you turned out?"

Sprinkle wiggled a bit on the plate. "I think I look delicious! But I don't want to be eaten."

Lola frowned. "But that's what cakes are for! I made you for my birthday."

"I know, I know," Sprinkle sighed. "But wouldn't it be more fun if we played instead of eating me?"

Lola thought about it. She had never played with a cake before. "What kind of games do you like?"

"How about a frosting fight?" Sprinkle suggested with a mischievous grin.

Lola giggled. "That sounds messy, but fun!"

She grabbed the frosting and started decorating Sprinkle, giving him big swirls of pink and blue. But as soon as she finished, Sprinkle started wiggling again, and before she knew it, frosting went flying everywhere!

The kitchen turned into a frosting battlefield. Lola and Sprinkle laughed as they tossed globs of frosting at each other. By the time they were done, both of them were covered in sticky, colorful icing.

"This was the best birthday ever!" Lola declared, wiping frosting from her cheek.

"I told you it would be more fun!" Sprinkle said proudly.

Just then, Lola's mom walked into the kitchen. "What on earth happened in here?" she asked, looking at the frosting-covered kitchen.

Lola grinned sheepishly. "It was a frosting fight."

Her mom sighed, but then she smiled. "Well, at least you had fun. Happy birthday, sweetie."

Lola hugged her mom. "Thanks, Mom. And don't worry, we'll clean it all up!"

"With my help, of course!" Sprinkle chimed in.

Lola giggled. Maybe she didn't have to eat her birthday cake after all. Having a talking, frosting-flinging friend was much better!

Lola og den Snakkende Kaken

Det var Lolas bursdag, og hun var spent. Ikke på grunn av gavene eller festen, men fordi hun skulle bake sin egen kake for aller første gang! Lola elsket å bake. Hun hadde hjulpet mamma på kjøkkenet i årevis, og nå var hun endelig klar til å lage noe helt selv.

Hun tok på seg sitt favorittforkle, samlet alle ingrediensene og begynte å blande. Mel, sukker, egg og smør—alt gikk i den store bollen. Lola rørte og rørte til røren var glatt og kremet. Hun helte den forsiktig i en rund kakeform og satte den inn i ovnen.

Mens kaken stekte, fylte huset seg med den søte duften av vanilje. Lola kunne nesten ikke vente. Hun så for seg kaken dekket med fargerik glasur og strøssel, og at den ville smake like søtt som den luktet.

Til slutt pep timeren. Kaken var klar! Lola tok på seg grytklutene og trakk kaken ut. Den var perfekt. Gyldenbrun på utsiden, myk og luftig på innsiden.

Men da hun satte kaken på benken for å kjøle seg ned, skjedde noe merkelig.

"Au!" pep en stemme.

Lola skvatt. Hun så seg rundt på kjøkkenet. "Hvem sa det?"

"Det er meg!" svarte stemmen.

"Hvem er 'meg'?" spurte Lola forvirret.

"Kaken, selvfølgelig!" sa stemmen.

Lola sperret opp øynene. "Snakket du akkurat?" spurte hun kaken.

"Selvfølgelig snakket jeg. Du bakte meg, så nå er jeg i live!" sa kaken lystig.

Lola kunne ikke tro det. En snakkende kake! Hun satte seg ned og stirret på den i forbauselse. "Jeg har bakt kaker før, men ingen av dem har noensinne snakket!"

"Vel, kanskje du aldri har bakt en så spesiell som meg," sa kaken og puffet seg litt opp.

Lola lo. "Du har rett. Jeg har aldri laget en kake som deg. Hva heter du?"

Kaken tenkte et øyeblikk. "Kall meg... Strøssel!"

"Hyggelig å møte deg, Strøssel. Liker du hvordan du ble?"

Strøssel vrikket litt på tallerkenen. "Jeg tror jeg ser deilig ut! Men jeg vil ikke bli spist."

Lola rynket pannen. "Men det er det kaker er til for! Jeg laget deg til bursdagen min."

"Jeg vet, jeg vet," sukket Strøssel. "Men ville det ikke vært morsommere hvis vi lekte i stedet for å spise meg?"

Lola tenkte litt. Hun hadde aldri lekt med en kake før. "Hva slags leker liker du?"

"Hva med en glasurkamp?" foreslo Strøssel med et lurt smil.

Lola fniste. "Det høres rotete ut, men gøy!"

Hun tok glasuren og begynte å dekorere Strøssel, med store virvler av rosa og blått. Men så snart hun var ferdig, begynte Strøssel å vrikke igjen, og før hun visste ordet av det, fløy glasuren overalt!

Kjøkkenet forvandlet seg til en glasurkrigssone. Lola og Strøssel lo mens de kastet klumper av glasur på hverandre. Da de var ferdige, var begge dekket av klissete, fargerik glasur.

"Dette var den beste bursdagen noensinne!" erklærte Lola og tørket glasur fra kinnet.

"Jeg sa jo at det ville bli morsommere!" sa Strøssel stolt.

Akkurat da kom Lolas mamma inn på kjøkkenet. "Hva i all verden har skjedd her?" spurte hun og så på det glasurdekte kjøkkenet.

Lola smilte skyldig. "Det var en glasurkamp."

Moren hennes sukket, men så smilte hun. "Vel, så lenge dere hadde det gøy. Gratulerer med dagen, vennen min."

Lola klemte moren sin. "Takk, mamma. Og ikke bekymre deg, vi skal rydde opp alt sammen!"

"Med min hjelp, selvfølgelig!" ropte Strøssel.

Lola fniste. Kanskje hun ikke trengte å spise bursdagskaken likevel. Å ha en snakkende, glasurkastende venn var mye bedre!

The Magical Shoes

Ellie was tired of her old sneakers. They were worn out, dirty, and, worst of all, they made her feet hurt. She had been begging her mom for a new pair of shoes for weeks, but her mom always said, "Not yet, Ellie. We'll get new shoes soon."

But "soon" never seemed to come.

One Saturday, Ellie decided to explore the old shoe store in town. It was a tiny shop squeezed between a bakery and a toy store, and she had never noticed it before. The shop's window was dusty, and the sign was so faded she could barely read it: **"Magical Shoes for Every Journey."**

Curious, Ellie pushed open the door. The bell above jingled, and the smell of leather and polish filled the air. Inside, rows and rows of shoes lined the shelves, but none of them looked new. Instead, they looked ancient, like they had been there for a hundred years.

Behind the counter stood a small, old man with twinkling eyes and a mustache that curled up at the ends.

"Hello, young lady," the man said with a smile. "Looking for some shoes, are we?"

Ellie nodded. "Yes, my sneakers are horrible. I need a new pair, but we don't have the money right now."

The old man chuckled. "Ah, you're in luck! We have just the thing." He disappeared behind a shelf and came back with a pair of shoes that looked strange, to say the least. They were bright red, with little stars that sparkled when the light hit them.

"These are no ordinary shoes," the man said, holding them out to Ellie. "They're magical."

Ellie raised an eyebrow. "Magical? How?"

"They'll take you wherever you want to go. Just think of a place, and the shoes will take you there!"

Ellie wasn't sure whether to believe him, but she was desperate for new shoes. "How much are they?" she asked.

"For you, they're free," the man said mysteriously. "But remember, only use them wisely."

Ellie took the shoes and thanked the old man. She put them on right outside the shop and felt a tingle in her feet. Could they really be magical?

She decided to test them. "I want to go to the beach," she whispered, closing her eyes.

Suddenly, she felt her feet lift off the ground, and the next thing she knew, she was standing on a sandy beach! The waves crashed gently on the shore, and seagulls called overhead.

"It worked!" Ellie exclaimed, laughing in disbelief. The shoes had actually taken her to the beach! She wiggled her toes in the warm sand and looked out at the endless ocean. This was amazing!

For the rest of the weekend, Ellie used the shoes to travel to all sorts of places. She visited a mountaintop where the air was crisp and fresh, a bustling city with tall skyscrapers, and even a magical forest where the trees whispered secrets to each other.

But on Sunday evening, as she stood on top of a hill watching the sunset, Ellie remembered the old man's warning: "Use them wisely."

She realized that while the shoes were fun, there was something important about being present in her own life too. The places she visited were exciting, but she missed her friends and her family.

"I want to go home," she whispered to the shoes.

In an instant, she was back in front of the tiny shoe shop. Ellie walked inside to return the shoes, but the old man was gone. The shop was empty, except for a note on the counter that read: **"You've learned the lesson. Keep the shoes."**

Ellie smiled. She walked home, grateful for her magical shoes, but even more grateful for the adventures they had given her—and the reminder that sometimes, the best place to be is right where you are.

De Magiske Skoene

Ellie var lei av de gamle joggeskoene sine. De var utslitt, skitne og, verst av alt, de gjorde vondt i føttene hennes. Hun hadde mast på moren sin i flere uker om å få nye sko, men moren svarte alltid: "Ikke ennå, Ellie. Vi skal kjøpe nye sko snart."

Men "snart" så aldri ut til å komme.

En lørdag bestemte Ellie seg for å utforske den gamle skobutikken i byen. Det var en liten butikk klemt mellom et bakeri og en lekebutikk, og hun hadde aldri lagt merke til den før. Butikkvinduet var støvete, og skiltet var så falmet at hun nesten ikke kunne lese det: **"Magiske Sko for Alle Reiser."**

Nysgjerrig åpnet Ellie døren. Klokken over døren klirret, og lukten av lær og skokrem fylte luften. Inne var det rader med sko på hyllene, men ingen av dem så nye ut. I stedet så de eldgamle ut, som om de hadde stått der i hundre år.

Bak disken sto en liten, gammel mann med glitrende øyne og en bart som krøllet seg opp på endene.

"Hallo, unge dame," sa mannen med et smil. "Er vi ute etter noen sko?"

Ellie nikket. "Ja, joggeskoene mine er forferdelige. Jeg trenger et nytt par, men vi har ikke råd akkurat nå."

Den gamle mannen lo. "Ah, du er heldig! Vi har akkurat det du trenger." Han forsvant bak en hylle og kom tilbake med et par sko som så merkelige ut, mildt sagt. De var knallrøde, med små stjerner som glitret når lyset traff dem.

"Dette er ikke vanlige sko," sa mannen og rakte dem til Ellie. "De er magiske."

Ellie hevet et øyenbryn. "Magiske? Hvordan?"

"De tar deg dit du vil. Bare tenk på et sted, så tar skoene deg dit!"

Ellie var ikke sikker på om hun skulle tro ham, men hun var desperat etter nye sko. "Hvor mye koster de?" spurte hun.

"For deg er de gratis," sa mannen mystisk. "Men husk, bruk dem klokt."

Ellie tok skoene og takket den gamle mannen. Hun tok dem på rett utenfor butikken og kjente en kribling i føttene. Kunne de virkelig være magiske?

Hun bestemte seg for å teste dem. "Jeg vil til stranden," hvisket hun og lukket øynene.

Plutselig kjente hun at føttene løftet seg fra bakken, og neste øyeblikk sto hun på en sandstrand! Bølgene slo forsiktig mot kysten, og måkene skrek over hodet.

"Det virket!" utbrøt Ellie, og lo i vantro. Skoene hadde faktisk tatt henne til stranden! Hun vrikket tærne i den varme sanden og så ut over det endeløse havet. Dette var fantastisk!

Resten av helgen brukte Ellie skoene til å reise til alle slags steder. Hun besøkte en fjelltopp hvor luften var frisk og klar, en travle by med høye skyskrapere, og til og med en magisk skog hvor trærne hvisket hemmeligheter til hverandre.

Men på søndag kveld, mens hun sto på toppen av en ås og så på solnedgangen, husket Ellie den gamle mannens advarsel: "Bruk dem klokt."

Hun innså at selv om skoene var morsomme, var det noe viktig med å være til stede i sitt eget liv også. Stedene hun besøkte var spennende, men hun savnet vennene sine og familien sin.

"Jeg vil hjem," hvisket hun til skoene.

På et øyeblikk var hun tilbake foran den lille skobutikken. Ellie gikk inn for å levere skoene tilbake, men den gamle mannen var borte. Butikken var tom, bortsett fra en lapp på disken som leste: **"Du har lært leksen. Behold skoene."**

Ellie smilte. Hun gikk hjem, takknemlig for de magiske skoene sine, men enda mer takknemlig for eventyrene de hadde gitt henne—og påminnelsen om at noen ganger er det beste stedet å være akkurat der du er.

The Great Cake Heist

Max was always hungry. Whether it was breakfast, lunch, or dinner, he could eat everything on his plate and still ask for more. But there was one thing Max loved more than anything in the world: cake.

Every Sunday, his mom baked a huge cake. Sometimes it was chocolate, sometimes it was lemon, but no matter the flavor, Max couldn't wait to get his hands on it. However, his mom always said the same thing: "We wait until after dinner."

One particular Sunday, Max's mom made a cake so big it looked like it could feed an entire army. The smell of vanilla and sugar filled the house, and Max felt like his stomach was going to growl its way out of his body.

He could barely wait, but the rule was the rule. No cake until after dinner.

That evening, his mom made a delicious dinner—Max's favorite: spaghetti and meatballs. But as he sat at the table, he couldn't focus on his meal. All he could think about was the cake sitting on the kitchen counter, covered in a thick layer of frosting.

"Eat your dinner first, Max," his mom said, noticing him eyeing the cake.

Max nodded, but the spaghetti suddenly tasted like cardboard. His fork twirled in his hand, and every second felt like an eternity.

When dinner finally ended, Max shot up from his chair and rushed to the kitchen, but something terrible had happened.

The cake was gone.

Max's heart sank. He looked around frantically, searching for any sign of the missing dessert. Who could have taken it? His mom had been with him the whole time, and his dad was out at work.

And then he saw it—a trail of cake crumbs leading out the back door.

Max's eyes widened. Someone had stolen the cake!

Without thinking, he dashed out the door and followed the trail. It led through the garden, over the fence, and down the street. Max ran as fast as his legs could carry him, determined to catch the cake thief.

Finally, the trail ended at the local park. Max looked around and spotted something strange: a group of animals gathered around a picnic blanket, and in the middle of it sat his mom's cake.

A squirrel, a raccoon, a bird, and even a cat were all sitting in a circle, forks in hand (or paws), happily digging into the cake.

Max couldn't believe his eyes.

"Hey! That's my mom's cake!" he shouted, running toward them.

The animals froze, their forks halfway to their mouths. They stared at Max with wide eyes, unsure of what to do. For a moment, it was silent, and then the raccoon, who seemed to be the leader, cleared his throat.

"We didn't mean to steal it," the raccoon said. "We smelled the cake, and it just smelled so good. We couldn't resist!"

Max crossed his arms. "You could have asked."

The squirrel nodded sheepishly. "You're right. We're sorry."

Max thought about it for a moment. The animals did look really sorry, and to be honest, the sight of them eating cake with forks was pretty funny.

"Okay," Max said. "You can have some, but I get the first slice."

The animals cheered, and Max grabbed a fork, cutting a huge slice for himself. They all sat down together, laughing and sharing the cake. It turned out to be the best cake Max had ever tasted.

When he got home, his mom asked, "Where did the cake go?"

Max grinned. "I shared it with some new friends."

Det Store Kakekuppet

M ax var alltid sulten. Enten det var frokost, lunsj eller
middag, kunne han spise alt på tallerkenen sin og fortsatt
be om mer. Men det var én ting Max elsket mer enn noe annet i
verden: kake.

Hver søndag bakte moren hans en enorm kake. Noen ganger var
den sjokolade, noen ganger var den sitron, men uansett smak
kunne Max ikke vente med å få tak i den. Men moren sa alltid
det samme: "Vi venter til etter middag."

En spesiell søndag laget moren hans en kake så stor at den så ut
som om den kunne mette en hel hær. Lukten av vanilje og sukker
fylte huset, og Max følte at magen hans skulle rumle seg ut av
kroppen.

Han kunne nesten ikke vente, men reglene var regler. Ingen kake
før etter middag.

Den kvelden laget moren hans en deilig middag—Max sin
favoritt: spaghetti og kjøttboller. Men mens han satt ved bordet,
klarte han ikke å konsentrere seg om måltidet. Alt han kunne
tenke på var kaken som sto på kjøkkenbenken, dekket med et
tykt lag med glasur.

"Spis middagen din først, Max," sa moren, og la merke til at han
så på kaken.

Max nikket, men plutselig smakte spaghettien som papp. Gaffelen snurret i hånden hans, og hvert sekund føltes som en evighet.

Da middagen endelig var over, spratt Max opp fra stolen og løp til kjøkkenet, men noe forferdelig hadde skjedd.

Kaken var borte.

Max sitt hjerte sank. Han så seg desperat rundt og lette etter spor av den savnede desserten. Hvem kunne ha tatt den? Moren hans hadde vært med ham hele tiden, og faren var på jobb.

Og så så han det—et spor av kakesmuler som ledet ut bakdøren.

Max sperret opp øynene. Noen hadde stjålet kaken!

Uten å tenke seg om, sprang han ut døren og fulgte sporet. Det førte gjennom hagen, over gjerdet og nedover gaten. Max løp så fort beina kunne bære ham, fast bestemt på å fange kaketyven.

Til slutt endte sporet i parken. Max så seg rundt og oppdaget noe merkelig: en gruppe dyr samlet rundt et piknikteppe, og midt på det satt morens kake.

En ekorn, en vaskebjørn, en fugl og til og med en katt satt alle i en sirkel, med gafler i hendene (eller potene), lykkelig gravende i kaken.

Max kunne ikke tro sine egne øyne.

"Hei! Det er min mors kake!" ropte han og løp mot dem.

Dyrene stivnet, gaflene halvveis til munnen. De stirret på Max med store øyne, usikre på hva de skulle gjøre. Et øyeblikk var det stille, og så kremtet vaskebjørnen, som så ut til å være lederen.

"Vi mente ikke å stjele den," sa vaskebjørnen. "Vi luktet kaken, og den luktet bare så godt. Vi klarte ikke å motstå!"

Max krysset armene. "Dere kunne ha spurt."

Ekornet nikket skamfullt. "Du har rett. Vi beklager."

Max tenkte seg om et øyeblikk. Dyrene så virkelig ut til å være lei seg, og for å være ærlig, var synet av dem som spiste kake med gafler ganske morsomt.

"Greit," sa Max. "Dere kan få litt, men jeg skal ha det første stykket."

Dyrene jublet, og Max tok en gaffel og skar ut et stort stykke til seg selv. De satte seg alle sammen, lo og delte kaken. Det viste seg å være den beste kaken Max noen gang hadde smakt.

Da han kom hjem, spurte moren hans, "Hvor ble det av kaken?"

Max smilte. "Jeg delte den med noen nye venner."

The Adventures of Timmy and the Talking Tree

Timmy was a curious boy. He loved exploring the woods behind his house, where he imagined all sorts of adventures. One sunny afternoon, as he wandered deeper into the forest than usual, he stumbled upon something strange. A tree, taller and wider than any tree he had ever seen, stood in the middle of a clearing. But it wasn't just any tree—it had a face!

Timmy blinked and rubbed his eyes. "That can't be right," he thought. But when he looked again, the face was still there.

"Hello, Timmy," the tree said in a deep, rumbling voice.

Timmy jumped back, nearly tripping over a rock. "Y-you can talk?" he stammered.

The tree smiled—or at least, its face twisted into what looked like a smile. "Of course I can talk. I've been waiting for someone like you to come along."

Timmy's heart raced with excitement and a little bit of fear. "What do you mean, waiting for someone like me?"

"I need your help," the tree replied. "I'm the Guardian Tree, and I protect this forest. But lately, strange things have been happening. The animals are disappearing, and I fear something terrible is coming."

Timmy's eyes widened. "What kind of terrible thing?"

The tree's branches shuddered. "I don't know yet, but I sense a darkness approaching. I need someone brave and clever to help me figure it out. Will you help me, Timmy?"

Timmy wasn't sure if he was brave or clever, but the idea of going on an adventure made him feel like he could be. "Yes! I'll help you."

The tree's face brightened. "Thank you, Timmy. Now, listen closely. You need to find three things to help restore the balance of the forest: the Feather of a Golden Eagle, the Tear of a Silver Fox, and the Laugh of a Happy Bear."

Timmy scratched his head. "But how do I find those?"

The tree chuckled. "You'll know when the time is right. The forest has a way of guiding those with kind hearts. Now, go, and be careful."

Timmy nodded and set off on his quest. The forest felt different now, almost like it was alive in a way he hadn't noticed before. As he walked, he kept his eyes and ears open, looking for any sign of the magical items.

After what felt like hours of walking, Timmy spotted something shining in the sky. A majestic golden eagle soared above him, its feathers gleaming in the sunlight. Timmy knew this was the eagle the tree had spoken of.

"Excuse me!" Timmy called up to the eagle. "I need one of your feathers to help the Guardian Tree."

The eagle circled lower and landed gracefully on a branch. "You need my feather? Only if you prove yourself worthy."

Timmy gulped. "How do I do that?"

The eagle's eyes glinted. "Show me your courage. Climb this tree and reach me without falling."

Timmy looked at the tall tree the eagle had perched on. His hands shook, but he nodded and began to climb. Higher and higher he went, his heart pounding, but he didn't stop. Finally, he reached the top where the eagle sat, and the bird smiled.

"You are brave, Timmy. Take this feather." The eagle plucked a golden feather from its wing and handed it to Timmy.

Timmy thanked the eagle and continued his journey. Next, he had to find the Silver Fox. He searched and searched, but the fox was nowhere to be found. Just when he was about to give up, he heard a soft whimpering from behind a bush. There, curled up in the shadows, was the Silver Fox, its fur shimmering like moonlight.

"Are you okay?" Timmy asked gently.

The fox looked up with sad eyes. "I've lost my family. Without them, I cannot cry the tear you need."

Timmy's heart ached. "I'll help you find them."

Together, Timmy and the fox searched the forest until they found the fox's family, hidden in a hollow tree. The fox's joy was so great that it shed a single silver tear. "Take this, Timmy. You've shown kindness."

With two items in hand, Timmy set off to find the Happy Bear. He found the bear lounging by a stream, laughing as it splashed water with its massive paws.

"Excuse me, Mr. Bear," Timmy said. "I need your laugh to help the Guardian Tree."

The bear chuckled. "My laugh, huh? Let's see if you can make me laugh even more."

Timmy thought for a moment and then started doing the silliest dance he could think of. He wiggled, jumped, and made funny faces. The bear burst into laughter, a deep, rolling laugh that echoed through the forest.

"You're a funny kid, Timmy! Here's my laugh." The bear handed Timmy a small jar filled with the sound of laughter.

With all three items, Timmy rushed back to the Guardian Tree. "I did it!" he cried.

The tree beamed with pride. "You've done well, Timmy. Thanks to you, the forest is safe."

From that day on, Timmy was known as the boy who saved the forest. And every time he visited the woods, the Guardian Tree would greet him with a smile.

Timmy og det Snakkende Treets Eventyr

Timmy var en nysgjerrig gutt. Han elsket å utforske skogen bak huset sitt, hvor han forestilte seg alle slags eventyr. En solrik ettermiddag, da han vandret dypere inn i skogen enn vanlig, snublet han over noe merkelig. Et tre, høyere og bredere enn noe tre han noen gang hadde sett, sto midt i en lysning. Men det var ikke bare et hvilket som helst tre—det hadde et ansikt!

Timmy blunket og gned seg i øynene. "Det kan ikke være sant," tenkte han. Men da han så igjen, var ansiktet der fortsatt.

"Hei, Timmy," sa treet med en dyp, rumlende stemme.

Timmy hoppet tilbake og var nær ved å snuble over en stein. "D-du kan snakke?" stammet han.

Treet smilte—eller i det minste, ansiktet vred seg til noe som lignet et smil. "Selvfølgelig kan jeg snakke. Jeg har ventet på noen som deg."

Timmy kjente hjertet sitt banke av spenning og litt frykt. "Hva mener du med at du har ventet på noen som meg?"

"Jeg trenger din hjelp," svarte treet. "Jeg er Skogens Voktertre, og jeg beskytter denne skogen. Men i det siste har merkelige ting skjedd. Dyrene forsvinner, og jeg frykter at noe fryktelig er på vei."

Timmy sperret opp øynene. "Hva slags fryktelige ting?"

Treet ristet grenene sine. "Jeg vet ikke ennå, men jeg kjenner en mørk kraft nærme seg. Jeg trenger noen modige og smarte til å hjelpe meg å finne ut av det. Vil du hjelpe meg, Timmy?"

Timmy var ikke sikker på om han var modig eller smart, men tanken på å dra på et eventyr fikk ham til å føle at han kunne være det. "Ja! Jeg vil hjelpe deg."

Treet sitt ansikt lyste opp. "Takk, Timmy. Hør nå nøye etter. Du må finne tre ting for å gjenopprette balansen i skogen: Fjæren fra en Gylden Ørn, Tåren fra en Sølvrev, og Latteren fra en Glad Bjørn."

Timmy klødde seg i hodet. "Men hvordan finner jeg de tingene?"

Treet lo. "Du vil vite det når tiden er inne. Skogen har en måte å veilede de med gode hjerter. Nå, gå, og vær forsiktig."

Timmy nikket og la ut på sin ferd. Skogen føltes annerledes nå, nesten som om den var levende på en måte han ikke hadde merket før. Mens han gikk, holdt han øyne og ører åpne, på utkikk etter tegn på de magiske gjenstandene.

Etter det som føltes som timer med vandring, oppdaget Timmy noe som skinte i himmelen. En majestetisk gylden ørn svevde over ham, fjærene glitrende i sollyset. Timmy visste at dette var ørnen treet hadde snakket om.

"Unnskyld meg!" ropte Timmy opp til ørnen. "Jeg trenger en av fjærene dine for å hjelpe Voktertreet."

Ørnen sirklet lavere og landet grasiøst på en gren. "Du trenger fjæren min? Bare hvis du viser deg verdig."

Timmy svelget. "Hvordan gjør jeg det?"

Ørnens øyne glitret. "Vis meg ditt mot. Klatre opp dette treet og nå meg uten å falle."

Timmy så på det høye treet som ørnen hadde satt seg på. Hendene hans skalv, men han nikket og begynte å klatre. Høyere og høyere gikk han, hjertet hamret, men han stoppet ikke. Til slutt nådde han

The Great Balloon Race

It was the day of the Great Balloon Race, the most exciting event in the entire town. Every year, people from far and wide gathered to watch brightly colored hot air balloons float across the sky. This year, Timmy was determined to enter the race. He had spent months preparing his balloon, which he called "Sky Dancer."

"Are you sure you're ready for this, Timmy?" his mom asked, looking at the huge balloon with concern.

Timmy grinned. "I've been practicing every day! Sky Dancer is faster than ever, and I know we can win."

The other competitors included seasoned racers with fancy balloons, each one more impressive than the last. But Timmy wasn't intimidated. He believed that the race wasn't just about having the best balloon—it was about heart and determination.

As the race began, the balloons lifted off into the air, soaring high above the town. Timmy's heart raced as he steered Sky Dancer, feeling the wind push against the colorful fabric. He was in the lead for a while, but soon, a huge, shiny balloon called "Cloud King" zoomed past him.

Timmy clenched his fists. "I'm not giving up that easily!"

He pulled on the ropes, adjusting the balloon's height. As Sky Dancer soared higher, he noticed something unusual. A group of birds flew directly toward the balloons! The other racers panicked, but Timmy remained calm. He had spent hours learning about birds and knew exactly what to do.

"Don't be afraid," Timmy whispered to himself. "Just stay steady."

The birds swooped around Sky Dancer, but Timmy guided the balloon smoothly through them. The crowd below gasped in awe as Timmy maneuvered through the sky with skill. Meanwhile, Cloud King had gotten stuck trying to dodge the birds, and its pilot was struggling to regain control.

With the birds behind him, Timmy pushed forward, overtaking the other racers one by one. His confidence grew as Sky Dancer glided effortlessly through the clouds.

But just as he thought victory was near, dark storm clouds appeared on the horizon. The wind picked up, and the other racers began to descend, unwilling to face the dangerous weather. Timmy hesitated for a moment, but then he remembered what his grandpa had once told him: "You can't control the wind, but you can control how you sail."

Timmy took a deep breath and steered Sky Dancer toward the storm. The wind howled, and the rain poured down, but Timmy's hands were steady on the ropes. He adjusted the balloon's altitude, finding just the right height where the winds were calmer. Slowly, the storm began to pass, and Timmy emerged on the other side, the sky clear and bright once again.

To his surprise, none of the other balloons were in sight. He had made it through the storm alone! Timmy smiled as the finish line came into view. The crowd below cheered as Sky Dancer floated gracefully across the line, and Timmy was declared the winner of the Great Balloon Race.

As he landed, his mom ran up and hugged him tightly. "I knew you could do it!" she said, tears in her eyes.

Timmy beamed with pride. "It wasn't easy, but Sky Dancer and I make a great team."

From that day on, Timmy was known as the youngest winner of the Great Balloon Race, a kid who had the heart of a champion and the courage to chase his dreams—no matter how stormy the skies might be.

Det Store Ballongløpet

Det var dagen for det Store Ballongløpet, den mest spennende begivenheten i hele byen. Hvert år samlet folk seg fra fjern og nær for å se fargerike luftballonger sveve over himmelen. I år var Timmy fast bestemt på å delta i løpet. Han hadde brukt måneder på å forberede ballongen sin, som han kalte "Himmeldanseren."

"Er du sikker på at du er klar for dette, Timmy?" spurte moren hans og så bekymret på den enorme ballongen.

Timmy smilte bredt. "Jeg har øvd hver dag! Himmeldanseren er raskere enn noensinne, og jeg vet at vi kan vinne."

De andre deltakerne inkluderte erfarne racere med fancy ballonger, hver mer imponerende enn den forrige. Men Timmy lot seg ikke skremme. Han trodde at løpet ikke bare handlet om å ha den beste ballongen—det handlet om hjerte og vilje.

Da løpet begynte, steg ballongene opp i luften og svevde høyt over byen. Timmy kjente hjertet hamre mens han styrte Himmeldanseren, følte vinden presse mot det fargerike stoffet. Han ledet en stund, men snart suste en stor, skinnende ballong kalt "Skykongen" forbi ham.

Timmy knyttet nevene. "Jeg gir ikke opp så lett!"

Han dro i tauene og justerte høyden på ballongen. Da Himmeldanseren steg høyere, la han merke til noe uvanlig. En flokk fugler fløy rett mot ballongene! De andre deltakerne fikk panikk, men Timmy holdt seg rolig. Han hadde brukt timer på å lære om fugler og visste nøyaktig hva han skulle gjøre.

"Ikke vær redd," hvisket Timmy til seg selv. "Bare hold deg stødig."

Fuglene sirklet rundt Himmeldanseren, men Timmy styrte ballongen rolig gjennom dem. Publikum under gispet av beundring mens Timmy manøvrerte seg gjennom luften med dyktighet. I mellomtiden hadde Skykongen blitt sittende fast da piloten forsøkte å unngå fuglene, og piloten kjempet for å få kontroll igjen.

Med fuglene bak seg presset Timmy fremover, og tok igjen de andre deltakerne én etter én. Selvtilliten hans vokste da Himmeldanseren gled uanstrengt gjennom skyene.

Men akkurat da han trodde seieren var nær, dukket mørke stormskyer opp i horisonten. Vinden tok seg opp, og de andre deltakerne begynte å synke, uvillige til å møte det farlige været. Timmy nølte et øyeblikk, men så husket han hva bestefaren hans en gang hadde sagt: "Du kan ikke kontrollere vinden, men du kan kontrollere hvordan du seiler."

Timmy tok et dypt pust og styrte Himmeldanseren mot stormen. Vinden ulte, og regnet pøste ned, men Timmys hender var stødig på tauene. Han justerte ballongens høyde og fant akkurat den rette høyden hvor vinden var roligere. Sakte begynte stormen å passere, og Timmy dukket opp på den andre siden, himmelen var igjen klar og lys.

Til hans overraskelse var ingen av de andre ballongene i sikte. Han hadde kommet seg gjennom stormen alene! Timmy smilte da målstreken kom til syne. Publikum under jublet da Himmeldanseren svevde grasiøst over målstreken, og Timmy ble erklært vinner av det Store Ballongløpet.

Da han landet, løp moren hans opp og klemte ham tett. "Jeg visste at du kunne klare det!" sa hun, med tårer i øynene.

Timmy strålte av stolthet. "Det var ikke lett, men Himmeldanseren og jeg er et supert team."

Fra den dagen var Timmy kjent som den yngste vinneren av det Store Ballongløpet, en gutt med et hjerte av en mester og motet til å følge drømmene sine—uansett hvor stormfulle himmelen måtte være.

The Mystery of the Disappearing Ice Cream

It was a sunny summer day, and the streets of Willowville were filled with the sound of children laughing and playing. But something strange had been happening in town for the past week—ice cream was mysteriously disappearing!

Every day, someone would buy an ice cream cone from the local shop, and just as they were about to take their first lick, it would vanish into thin air! No one knew how or why this was happening, but it had the whole town buzzing.

At first, people thought it was just a coincidence. Maybe it melted faster in the summer heat, or maybe someone was playing a prank. But after a dozen ice creams disappeared in the blink of an eye, it became clear that something odd was going on.

Lily, a curious and adventurous girl, decided to investigate. She loved ice cream more than anything, and she wasn't going to let this mystery ruin her summer treats.

"I'm going to solve this case," Lily declared to her best friend, Max, as they sat in the park.

Max raised an eyebrow. "How? Ice cream doesn't just disappear!"

"That's exactly what I'm going to find out," Lily said, determined.

The next morning, Lily and Max set up camp outside the ice cream shop. They brought binoculars, notebooks, and snacks—just in case they had to be there for a while. They watched as people bought their ice cream cones, and sure enough, one by one, the cones disappeared into thin air, right in front of their eyes!

"This is so weird!" Max whispered. "It's like magic!"

Lily frowned, deep in thought. "There has to be an explanation."

They decided to follow the next person who bought an ice cream, a little boy named Tommy. As he walked down the street, happily holding his cone, something strange happened. A shadow passed over them, and the ice cream vanished!

Lily quickly looked up, and that's when she saw it—a flock of seagulls flying overhead. But these weren't ordinary seagulls. They were carrying tiny vacuum tubes in their beaks, and they were sucking up the ice cream!

"It's the seagulls!" Lily exclaimed. "They're stealing the ice cream!"

Max's jaw dropped. "No way!"

"Yes, way! Look!" Lily pointed as the seagulls swooped down again, aiming for another ice cream cone.

"We have to stop them!" Max said, jumping up.

Lily nodded. "But how? They're fast and sneaky."

After a moment of thinking, Lily came up with a plan. "We'll need a giant net, some decoy ice cream cones, and... a lot of patience."

They spent the rest of the day gathering supplies. The next morning, they set up their trap in the park, placing fake ice cream cones all around. Then, they hid behind a tree, waiting for the seagulls to strike.

Sure enough, the sneaky birds appeared, flying low and heading straight for the decoy cones. As soon as they reached out with their vacuum tubes, Lily and Max sprang into action! They pulled the rope, and the giant net came down, trapping the seagulls.

"Gotcha!" Lily shouted triumphantly.

The seagulls squawked and flapped their wings, trying to escape, but they were caught. A crowd of curious onlookers gathered around, and soon the local newspaper was there, snapping pictures of the famous "ice cream thieves."

The mystery was finally solved, and the townspeople could enjoy their ice cream in peace again. As a reward for their bravery, the ice cream shop owner gave Lily and Max free ice cream for the rest of the summer.

Sitting in the park, happily licking their cones, Max smiled at Lily. "You really did it, Lil. You solved the mystery!"

Lily grinned. "I told you I would. And now, we can eat all the ice cream we want—without any disappearing tricks!"

Mysteriet med Den Forsvunne Iskremen

Det var en solfylt sommerdag, og gatene i Willowville var fylt med lyden av barn som lo og lekte. Men noe merkelig hadde skjedd i byen den siste uken—iskrem forsvant mystisk!

Hver dag kjøpte noen en iskrem fra den lokale butikken, og akkurat da de skulle ta sin første slikk, forsvant den i løse luften! Ingen visste hvordan eller hvorfor dette skjedde, men hele byen snakket om det.

Til å begynne med trodde folk at det bare var en tilfeldighet. Kanskje det smeltet raskere i sommervarmen, eller kanskje noen tullet med dem. Men etter at dusinvis av iskrem forsvant på et blunk, ble det klart at noe rart var på ferde.

Lily, en nysgjerrig og eventyrlysten jente, bestemte seg for å undersøke. Hun elsket iskrem mer enn noe annet, og hun hadde ikke tenkt å la dette mysteriet ødelegge sommerens godbiter.

"Jeg skal løse denne saken," erklærte Lily til sin beste venn Max mens de satt i parken.

Max hevet et øyenbryn. "Hvordan? Iskrem forsvinner ikke bare sånn!"

"Det er akkurat det jeg skal finne ut," sa Lily, bestemt.

Neste morgen slo Lily og Max seg ned utenfor iskrembutikken. De hadde med seg kikkert, notatbøker og snacks—bare i tilfelle de måtte vente en stund. De så på mens folk kjøpte iskremene sine, og jammen forsvant de én etter én, rett foran øynene deres!

"Dette er så merkelig!" hvisket Max. "Det er som magi!"

Lily rynket pannen og tenkte. "Det må være en forklaring."

De bestemte seg for å følge den neste personen som kjøpte en iskrem, en liten gutt som het Tommy. Da han gikk nedover gaten, lykkelig med iskremen sin, skjedde noe merkelig. En skygge gled over dem, og iskremen forsvant!

Lily så raskt opp, og da så hun det—en flokk måker som fløy over hodene deres. Men dette var ikke vanlige måker. De hadde små støvsugerrør i nebbet, og de sugde opp iskremen!

"Det er måkene!" utbrøt Lily. "De stjeler iskremen!"

Max måpte. "Ikke mulig!"

"Jo, mulig! Se!" Lily pekte da måkene igjen svingte ned mot en annen iskrem.

"Vi må stoppe dem!" sa Max og spratt opp.

Lily nikket. "Men hvordan? De er raske og snikete."

Etter å ha tenkt litt, kom Lily opp med en plan. "Vi trenger et stort nett, noen lokkeiskrem og... mye tålmodighet."

De brukte resten av dagen på å samle forsyninger. Neste morgen satte de opp fellen sin i parken, plasserte falske iskrem rundt omkring. Deretter gjemte de seg bak et tre og ventet på at måkene skulle slå til.

Jammen, de snikete fuglene dukket opp, fløy lavt og siktet rett mot lokkeiskremene. Akkurat da de strakte ut med støvsugerrørene, spratt Lily og Max i aksjon! De trakk i tauet, og det store nettet falt ned og fanget måkene.

"Fanget!" ropte Lily triumferende.

Måkene skrek og slo med vingene, prøvde å rømme, men de var fanget. En mengde nysgjerrige tilskuere samlet seg, og snart var lokalavisen der og tok bilder av de berømte "iskremtyvene."

Mysteriet var endelig løst, og byens innbyggere kunne nyte iskremen sin i fred igjen. Som belønning for deres tapperhet ga iskrembutikkens eier Lily og Max gratis iskrem resten av sommeren.

Sittende i parken, lykkelig slikkende på iskremen sin, smilte Max til Lily. "Du klarte det virkelig, Lil. Du løste mysteriet!"

Lily gliste. "Jeg sa jo at jeg skulle klare det. Og nå kan vi spise all iskremen vi vil—uten noen magiske forsvinninger!"

Billy and the Talking Squirrel

Billy was a quiet, imaginative boy who loved to spend time in the forest near his house. Every day after school, he would go exploring, pretending he was an adventurer in search of treasure. But one day, something happened that was far beyond his wildest imagination.

As Billy walked deeper into the woods, he spotted a squirrel sitting on a tree stump, nibbling on an acorn. Nothing unusual, he thought, until the squirrel turned its head, looked him straight in the eyes, and said, "Hey, kid. You got any more of those acorns?"

Billy froze. "Did you just… talk?"

"Of course, I talked!" the squirrel replied, crossing its tiny arms. "What, you never met a talking squirrel before?"

"Uh… no," Billy stammered. "Squirrels don't usually talk."

"Well, this one does!" the squirrel declared proudly. "The name's Nutty, by the way. And I need your help."

Billy rubbed his eyes, thinking maybe he was imagining the whole thing. But when he opened them, Nutty was still there, tapping his foot impatiently.

"Help? With what?" Billy asked, curiosity getting the better of him.

"It's my stash of acorns," Nutty explained. "Someone's been stealing them, and I can't catch the thief on my own. I need a partner—someone clever, quick, and, well, human."

Billy couldn't believe what he was hearing. A talking squirrel? An acorn thief? This was starting to sound like one of his made-up adventures. But it also sounded kind of fun.

"Alright, I'll help," Billy said, shrugging. "What do we do first?"

Nutty grinned. "Follow me!"

The squirrel led Billy through the woods, zig-zagging between trees and jumping over rocks. They eventually arrived at a hollow tree where Nutty's stash was hidden. But when they peeked inside, the acorns were gone!

"See? This is what I'm talking about!" Nutty said, throwing his tiny hands in the air. "Someone's been swiping my winter supply!"

Billy looked around, trying to spot any clues. "Have you seen anyone suspicious?"

Nutty shook his head. "Nope, but I've got a hunch it's that sneaky raccoon, Ricky. He's always lurking around, and he loves shiny things."

"Shiny things?" Billy asked, confused. "Acorns aren't shiny."

Nutty's eyes widened. "Oh no, this is worse than I thought. If Ricky's involved, he's not after the acorns—he's after the golden acorn!"

"The golden acorn?" Billy repeated, intrigued.

"It's a legendary acorn that grants the power to control the entire forest," Nutty explained. "It's been hidden for years, and I think Ricky's trying to find it."

Billy's heart raced. This was no ordinary mystery—this was a full-blown adventure! "We have to stop him!"

"Exactly!" Nutty said, nodding. "Let's track him down before he gets his paws on that acorn."

The two set off on their quest, following a trail of overturned leaves and small footprints. After what felt like hours of searching, they finally spotted Ricky, the raccoon, sneaking through the underbrush.

"There he is!" Nutty whispered, pointing with his paw.

Billy crouched down, watching as Ricky dug at the base of a tree. "What's he doing?"

"He's close," Nutty muttered. "The golden acorn must be buried there."

Without wasting any time, Billy and Nutty dashed toward Ricky. The raccoon looked up, startled, and tried to run, but Billy was too fast. He grabbed Ricky by the tail, and Nutty scurried over to grab the golden acorn that Ricky had uncovered.

"Nice try, Ricky!" Nutty said, holding the glowing acorn in his paws. "But this treasure belongs to the forest, not you!"

Ricky sighed, defeated. "I just wanted something special for my collection," he admitted.

Billy let him go, feeling a little sorry for the raccoon. "You don't need to steal to get something special. Maybe we can help you find something cool that's not, you know, magical."

Ricky's eyes brightened. "You'd do that?"

"Sure," Billy said with a grin. "As long as you promise to leave Nutty's acorns alone."

"Deal!" Ricky agreed.

And so, the unlikely trio spent the rest of the day searching for shiny rocks and interesting treasures in the forest. Nutty hid the golden acorn in a safer spot, and Billy made two new friends.

As the sun began to set, Nutty gave Billy a grateful nod. "You're not so bad for a human, you know. Thanks for helping out."

Billy smiled. "Anytime, Nutty. I never thought I'd say this, but this was the best adventure ever—thanks to a talking squirrel."

Billy og Det Snakkende Ekornet

B illy var en stille, fantasifull gutt som elsket å tilbringe tid i skogen nær huset sitt. Hver dag etter skolen dro han ut for å utforske, og late som han var en eventyrer på jakt etter skatter. Men en dag skjedde det noe langt utenfor hans villeste fantasi.

Mens Billy gikk dypere inn i skogen, så han et ekorn sitte på en trestubbe og gnage på et eikenøtt. Ikke noe uvanlig, tenkte han, helt til ekornet snudde hodet, så ham rett i øynene og sa: "Hei, gutt. Har du flere av de eikenøttene?"

Billy stivnet. "Snakket du nettopp...?"

"Selvfølgelig snakket jeg!" svarte ekornet, og krysset de små armene sine. "Hva, har du aldri møtt et snakkende ekorn før?"

"Eh... nei," stammet Billy. "Ekorn pleier ikke å snakke."

"Vel, dette ekornet gjør det!" erklærte ekornet stolt. "Forresten, navnet er Nutty. Og jeg trenger din hjelp."

Billy gned seg i øynene, og trodde kanskje han forestilte seg hele greia. Men da han åpnet dem, var Nutty fortsatt der, og tappet foten utålmodig.

"Hjelp? Med hva da?" spurte Billy, nysgjerrigheten tok overhånd.

"Det er eikenøttlageret mitt," forklarte Nutty. "Noen har stjålet dem, og jeg kan ikke fange tyven alene. Jeg trenger en partner—noen som er smart, rask og, vel, menneskelig."

Billy kunne ikke tro det han hørte. Et snakkende ekorn? En eikenøtt-tyv? Dette begynte å høres ut som et av hans oppdiktede eventyr. Men det hørtes også ganske gøy ut.

"Greit, jeg hjelper deg," sa Billy og trakk på skuldrene. "Hva gjør vi først?"

Nutty smilte bredt. "Følg meg!"

Ekornet ledet Billy gjennom skogen, sikk-sakk mellom trærne og hoppende over steiner. Til slutt kom de til et hult tre der Nuttys lager var gjemt. Men da de kikket inn, var eikenøttene borte!

"Ser du? Det er dette jeg snakker om!" sa Nutty og kastet de små hendene i været. "Noen har nappet vinterforsyningen min!"

Billy kikket rundt og prøvde å finne ledetråder. "Har du sett noen mistenkelige?"

Nutty ristet på hodet. "Nei, men jeg har en mistanke om at det er den snikete vaskebjørnen, Ricky. Han sniker seg alltid rundt, og han elsker blanke ting."

"Blanke ting?" spurte Billy, forvirret. "Eikenøtter er ikke blanke."

Nuttys øyne utvidet seg. "Å nei, dette er verre enn jeg trodde. Hvis Ricky er involvert, er han ikke ute etter eikenøttene—han er ute etter den gyldne eikenøtten!"

"Den gyldne eikenøtten?" gjentok Billy, nysgjerrig.

"Det er en legendarisk eikenøtt som gir kraften til å kontrollere hele skogen," forklarte Nutty. "Den har vært skjult i mange år, og jeg tror Ricky prøver å finne den."

Billys hjerte slo raskere. Dette var ikke et vanlig mysterium—dette var et fullskala eventyr! "Vi må stoppe ham!"

"Akkurat!" sa Nutty og nikket. "La oss finne ham før han får tak i den eikenøtten."

De to satte av gårde på sin søken, og fulgte en sti av veltede blader og små fotspor. Etter det som føltes som timer med leting, fikk de øye på Ricky, vaskebjørnen, som snek seg gjennom buskaset.

"Der er han!" hvisket Nutty og pekte med poten.

Billy bøyde seg ned, og så på mens Ricky gravde ved foten av et tre. "Hva gjør han?"

"Han er nær," mumlet Nutty. "Den gyldne eikenøtten må være begravd der."

Uten å kaste bort tid, stormet Billy og Nutty mot Ricky. Vaskebjørnen så opp, overrasket, og prøvde å løpe, men Billy var for rask. Han grep Ricky i halen, og Nutty løp bort for å ta den gyldne eikenøtten som Ricky hadde gravd frem.

"Bra forsøk, Ricky!" sa Nutty og holdt den glødende eikenøtten i potene sine. "Men denne skatten tilhører skogen, ikke deg!"

Ricky sukket, beseiret. "Jeg ville bare ha noe spesielt til samlingen min," innrømmet han.

Billy slapp ham fri, og følte seg litt lei seg for vaskebjørnen. "Du trenger ikke å stjele for å få noe spesielt. Kanskje vi kan hjelpe deg med å finne noe kult som ikke er, du vet, magisk."

Rickys øyne lyste opp. "Ville dere virkelig gjort det?"

"Selvfølgelig," sa Billy med et smil. "Så lenge du lover å holde deg unna Nuttys eikenøtter."

"Avtale!" sa Ricky fornøyd.

Og slik tilbrakte det usannsynlige trekløveret resten av dagen på jakt etter blanke steiner og interessante skatter i skogen. Nutty gjemte den gyldne eikenøtten på et tryggere sted, og Billy fikk to nye venner.

Da solen begynte å gå ned, ga Nutty Billy et takknemlig nikk. "Du er ikke så verst til å være menneske, vet du. Takk for hjelpen."

Billy smilte. "Når som helst, Nutty. Jeg trodde aldri jeg skulle si dette, men dette var det beste eventyret noensinne—takket være et snakkende ekorn."

The Mystery of the Stolen Sandwich

In the bustling town of Snackville, where the streets were lined with candy shops and ice cream parlors, lived a boy named Timmy. Timmy was a sandwich enthusiast, and every day for lunch, he would bring the most spectacular sandwiches to school. His friends often said they were the best in town, but one fateful day, disaster struck.

It was a sunny Wednesday when Timmy made a towering sandwich, layered with peanut butter, jelly, and extra pickles—the perfect combination, in his opinion. He packed it carefully in his lunchbox, dreaming of lunchtime as he rode the bus to school.

But as the bell rang, signaling lunchtime, Timmy reached for his lunchbox and felt his heart drop. It was gone! In its place was a note that read: "Thanks for the sandwich! - The Snack Bandit."

"What? Who would steal my sandwich?" Timmy exclaimed, his voice echoing in the lunchroom.

His friends gathered around him, concerned. "Don't worry, Timmy! We'll help you solve the mystery!" said Lucy, his best friend, who had a knack for detective work.

With the help of his friends, Timmy started investigating. They first checked the playground, where they often saw the notorious Snack Bandit—a boy named Max, known for his love of mischief and food.

"Max wouldn't steal my sandwich," Timmy said, shaking his head. "He's more of a cake thief."

They found Max sitting on the swings, munching on a donut. "Hey, Max!" Timmy called out. "Did you take my sandwich?"

Max looked up, chocolate icing on his face. "Me? No way! I'm on a donut diet. But if I did see a sandwich, I would've traded it for a donut."

Timmy rolled his eyes. "Great, but where did it go?"

Next, they decided to visit the cafeteria. The lunch lady, Mrs. Crumble, was serving mashed potatoes and gravy, and she seemed in a good mood. "Mrs. Crumble, have you seen anyone sneaking around with a sandwich?" Lucy asked.

Mrs. Crumble chuckled. "Oh, dear! I can't say I have, but I did see a couple of birds flying around the kitchen. They looked rather suspicious!"

"Birds? In the kitchen?" Timmy asked, scratching his head. "Why would they want my sandwich?"

Curiosity piqued, the gang headed to the kitchen. There, they found a flock of seagulls perched on the counter, eyeing the leftover food. "Look!" Lucy pointed. "Maybe they're the Snack Bandits!"

Just then, one brave seagull swooped down and grabbed a piece of bread. "Hey! Get back here!" Timmy shouted, chasing the bird outside.

The seagull flew to the nearby park, landing on a picnic table. Timmy and his friends followed, their hearts racing. When they arrived, they saw the seagull pecking at Timmy's sandwich, surrounded by its feathery friends.

"That's my sandwich!" Timmy yelled, feeling a mix of anger and amusement.

The seagulls, undeterred by Timmy's shouts, continued their feast. Timmy had an idea. "Maybe if we offer them something else, they'll leave my sandwich alone!"

He quickly ran back to the school, rummaged through the cafeteria, and returned with some leftover cookies. "Here, birdies! Try these instead!" he called, tossing the cookies onto the picnic table.

The seagulls abandoned the sandwich, flocking to the cookies instead. Timmy sighed in relief as he reclaimed his beloved sandwich, though it was a little soggy.

"Thanks, Timmy! You solved the mystery!" Lucy cheered.

As they sat down to eat, Timmy took a bite of his sandwich. "Not the ideal situation, but at least I got my sandwich back," he said, smiling.

"Next time, maybe try keeping an eye on your lunch!" Max teased, laughing.

Timmy grinned. "Yeah, next time, I'll be sure to pack some cookies too!"

And from that day on, the Snack Bandit's reign of terror was put to an end. With the help of his friends and a little creativity, Timmy learned that sometimes, the most unexpected solutions can save the day!

Mysteriet om den stjålne sandwichen

I den travle byen Snackville, hvor gatene var fylt med godteributikker og iskrembarer, bodde en gutt som het Timmy. Timmy var en sandwichentusiast, og hver dag til lunsj hadde han med seg de mest fantastiske sandwichene på skolen. Vennene hans sa ofte at de var de beste i byen, men en skjebnesvanger dag slo katastrofen til.

Det var en solrik onsdag da Timmy laget en tårnhøy sandwich, lagd med peanøttsmør, syltetøy og ekstra pickles – den perfekte kombinasjonen, etter hans mening. Han pakket den nøye i matboksen sin og drømte om lunsj mens han satt på bussen til skolen.

Men da klokka ringte for lunsj, og Timmy strakte seg etter matboksen, sank hjertet hans. Den var borte! I stedet lå det en lapp der som leste: "Takk for sandwichen! - Snacksbanditten."

"Hva? Hvem ville stjele sandwichen min?" utbrøt Timmy, og stemmen hans ga gjenklang i kantinen.

Vennene hans samlet seg rundt ham, bekymret. "Ikke bekymre deg, Timmy! Vi hjelper deg med å løse mysteriet!" sa Lucy, bestevennen hans, som hadde en forkjærlighet for detektivarbeid.

Med hjelp fra vennene sine begynte Timmy å etterforske. Først sjekket de lekeplassen, hvor de ofte hadde sett den beryktede

Snacksbanditten – en gutt som het Max, kjent for sin kjærlighet til rampestreker og mat.

"Max ville ikke stjele sandwichen min," sa Timmy og ristet på hodet. "Han er mer en kaketyv."

De fant Max sittende på huskene mens han spiste en donut. "Hei, Max!" ropte Timmy. "Tok du sandwichen min?"

Max så opp, med sjokoladeglasur på ansiktet. "Jeg? Nei, aldri! Jeg er på donut-diett. Men hvis jeg hadde sett en sandwich, ville jeg ha byttet den mot en donut."

Timmy himlet med øynene. "Flott, men hvor er den da?"

Neste stopp var kantinen. Kantinedamen, Fru Crumble, serverte potetmos og saus, og hun virket i godt humør. "Fru Crumble, har du sett noen som har sneket seg rundt med en sandwich?" spurte Lucy.

Fru Crumble humret. "Å kjære! Jeg kan ikke si at jeg har sett noe slikt, men jeg så et par fugler fly rundt kjøkkenet. De så litt mistenkelige ut!"

"Fugler? På kjøkkenet?" spurte Timmy og klødde seg i hodet. "Hvorfor skulle de ville ha sandwichen min?"

Nysgjerrigheten ble vekket, og gjengen gikk til kjøkkenet. Der fant de en flokk måker sittende på benken og stirret på restene av maten. "Se!" pekte Lucy. "Kanskje de er Snacksbandittene!"

Akkurat da svevde en modig måke ned og nappet til seg en brødbit. "Hei! Kom tilbake hit!" ropte Timmy og løp etter fuglen utendørs.

Måken fløy til den nærliggende parken og landet på et piknikbord. Timmy og vennene hans fulgte etter, med hjertet i halsen. Da de kom fram, så de måken som hakket på Timmys sandwich, omgitt av sine fjærkledde venner.

"Det er sandwichen min!" ropte Timmy, og kjente en blanding av sinne og moro.

Måkene lot seg ikke affisere av Timmys rop og fortsatte festen sin. Timmy fikk en idé. "Kanskje hvis vi tilbyr dem noe annet, vil de la sandwichen min være i fred!"

Han løp raskt tilbake til skolen, rotet gjennom kantinen, og kom tilbake med noen rester av kjeks. "Her, fugler! Prøv disse i stedet!" ropte han og kastet kjeksene på piknikbordet.

Måkene forlot sandwichen og flokket seg rundt kjeksene i stedet. Timmy sukket lettet og tok tilbake den kjære sandwichen sin, selv om den var litt klissete.

"Takk, Timmy! Du løste mysteriet!" jublet Lucy.

Da de satte seg ned for å spise, tok Timmy en bit av sandwichen. "Ikke helt ideelt, men jeg fikk i det minste tilbake sandwichen min," sa han smilende.

"Neste gang kan du kanskje passe litt bedre på lunsjen din!" ertet Max og lo.

Timmy gliste. "Ja, neste gang pakker jeg noen kjeks også!"

Og fra den dagen var Snacksbandittens terrorvelde over. Med hjelp fra vennene sine og litt kreativitet lærte Timmy at noen ganger kan de mest uventede løsningene redde dagen!

The Day the Magic Paintbrush Came to Town

Once upon a time, in the small town of Colorville, lived a young girl named Mia. Mia loved to paint, and her colorful creations brought joy to everyone around her. She spent her days with her trusty paintbrush, transforming blank canvases into vibrant landscapes and cheerful portraits. But one day, something extraordinary happened.

While exploring an old attic in her grandmother's house, Mia stumbled upon a dusty, ornate paintbrush hidden in a trunk. It was unlike any brush she had ever seen—its bristles shimmered with all the colors of the rainbow, and it seemed to hum with energy. Curiosity sparkled in Mia's eyes as she picked it up.

"I wonder what you can do," she whispered, imagining all the wonderful paintings she could create.

That evening, Mia decided to try out her new paintbrush. She set up a canvas in her backyard and began to paint. With each stroke, the paint flowed smoothly, and the colors sparkled like magic. To her astonishment, the flowers and trees she painted seemed to come to life, blooming and swaying in the gentle breeze.

Mia couldn't believe her eyes. "This is amazing!" she exclaimed, twirling in delight. "I must share this with everyone!"

The next day, Mia invited her friends to see her magical paintings. They gathered around, gasping in awe as the flowers danced and the birds fluttered in her artwork. "This is incredible, Mia! How did you do this?" asked her best friend, Lily.

"I found this magical paintbrush!" Mia explained, holding it up for all to see. "It makes everything I paint come to life!"

The children decided to organize a festival to showcase Mia's magical art. They painted colorful banners, hung them around the town, and invited everyone to come and see the wonders of Mia's creations. The festival was a huge success, with families and friends filling the streets of Colorville.

As the sun began to set, Mia prepared a grand painting on a large canvas for the festival's finale. She imagined a beautiful rainbow stretching across the sky, with fluffy clouds and sparkling stars. With each stroke of her magic brush, the painting transformed into a breathtaking scene that glowed with vibrant colors.

When Mia finished, she stepped back to admire her work. Suddenly, the crowd gasped as the rainbow from her painting began to shimmer and rise into the sky above Colorville. "Look! It's real!" someone shouted, and cheers erupted from the crowd.

Mia was amazed. "I can't believe it! The magic is real!" She watched as the colors swirled and danced in the air, bringing smiles and laughter to everyone in town.

From that day on, the people of Colorville celebrated the magic of Mia's paintbrush. They held an annual festival to honor creativity, imagination, and friendship. Mia continued to paint, bringing color and joy to her town, and every stroke of her brush was a reminder of the magic that lay within art.

And so, the little girl with the magical paintbrush became a beloved legend in Colorville, inspiring everyone to embrace their creativity and find the magic in their own hearts.

Dagen Malepenselen Kom til Byen

———

Det var en gang, i den lille byen Colorville, bodde det en ung jente ved navn Mia. Mia elsket å male, og hennes fargerike kreasjoner brakte glede til alle rundt henne. Hun tilbrakte dagene med den trofaste malepenselen sin, og forvandlet blanke lerret til levende landskap og glade portretter. Men en dag skjedde det noe ekstraordinært.

Mens hun utforsket et gammelt loft i bestemorens hus, snublet Mia over en støvete, utsmykket malepensel gjemt i en kiste. Den var annerledes enn noen pensel hun noensinne hadde sett—bustene skinte med alle regnbuens farger, og den så ut til å summende med energi. Nysgjerrighet lyste i Mias øyne da hun plukket den opp.

"Jeg lurer på hva du kan gjøre," hvisket hun, og forestilte seg alle de vidunderlige maleriene hun kunne lage.

Den kvelden bestemte Mia seg for å prøve den nye malepenselen. Hun satte opp et lerret i hagen sin og begynte å male. Med hvert penselstrøk fløt malingen jevnt, og fargene skinte som magi. Til hennes forbløffelse så blomstene og trærne hun malte ut til å komme til liv, blomstrende og svaigende i den milde brisen.

Mia kunne ikke tro sine egne øyne. "Dette er fantastisk!" utbrøt hun, snurrende av glede. "Jeg må dele dette med alle!"

Neste dag inviterte Mia vennene sine for å se maleriene hennes med magi. De samlet seg rundt, gispende i ærefrykt mens blomstene danset og fuglene flakset i kunsten hennes. "Dette er utrolig, Mia! Hvordan gjorde du dette?" spurte bestevennen hennes, Lily.

"Jeg fant denne magiske malepenselen!" forklarte Mia, og løftet den opp for alle å se. "Den får alt jeg maler til å komme til liv!"

Barna bestemte seg for å organisere en festival for å vise frem Mias magiske kunst. De malte fargerike bannere, hengte dem rundt i byen og inviterte alle til å komme og se underverkene av Mias kreasjoner. Festivalen ble en stor suksess, med familier og venner som fylte gatene i Colorville.

Da solen begynte å gå ned, forberedte Mia et storslått maleri på et stort lerret til festivalens finale. Hun forestilte seg en vakker regnbue som strakk seg over himmelen, med fluffy skyer og glitrende stjerner. Med hvert penselstrøk fra den magiske penselen forvandlet maleriet seg til en fantastisk scene som lyste med levende farger.

Da Mia var ferdig, trakk hun seg tilbake for å beundre arbeidet sitt. Plutselig gispte mengden da regnbuen fra maleriet hennes begynte å skinne og stige opp i himmelen over Colorville. "Se! Det er ekte!" ropte noen, og jubel brøt ut fra folkemengden.

Mia var forbløffet. "Jeg kan ikke tro det! Magien er ekte!" Hun så på hvordan fargene virvlet og danset i luften, og brakte smil og latter til alle i byen.

Fra den dagen av feiret innbyggerne i Colorville magien til Mias malepensel. De holdt en årlig festival for å hedre kreativitet, fantasi og vennskap. Mia fortsatte å male, og brakte farge og glede til byen sin, og hvert penselstrøk var en påminnelse om magien som lå i kunsten.

Og slik ble den lille jenta med den magiske malepenselen en elsket legende i Colorville, og inspirerte alle til å omfavne kreativiteten sin og finne magien i egne hjerter.